At The Bakery

```
B A C R D Q S K E E
S L A J Q U S R G B
C U K K G I U G D T
M T E A H S S I F T
U A R W A N O R P A
F P R E B U T T E R
F S M U M I X E R L
I Q K P O Q F Q D W
N E V O I L D P Z O
A D W S M E F W N B
```

APRON FLOUR   PIE
BOWL   MEASURE SIFT
BUTTER MIXER   SPATULA
CAKE   MUFFIN   SUGAR
EGGS   OVEN   WHISK

Bugs and Insects

```
F T Z S A N T V B B
G L E I P D M U Z E
U P Y K A I T F S E
B R S E C T D N I T
Y G L A E I A E F L
D F S R W I R O R E
A Y F I L Y P C H Z
L L G U B K C I T S
Y F I R E F L Y O A
M R O W E S W J M H
```

ANT	FIREFLY	SNAIL
BEE	FLEA	SPIDER
BEETLE	FLY	STICK BUG
BUTTERFLY	LADYBUG	WASP
CRICKET	MOTH	WORM

Let's Think Spring

```
B D F E Z N N T P L
G U A L Q U I U I L
B O T F O S A L C A
E C R T F W R I N B
E H C F E O E P I E
S S A R G R D R C S
N E S T Z E F I S A
L A D Y B U G L L B
S P R O U T S A Y G
E Z E E R B X R Z O
```

BASEBALL   FLOWERS   PICNIC
BEE   FROG   RAIN
BREEZE   GRASS   SPROUTS
BUTTERFLY LADYBUG   SUN
DAFFODIL   NEST   TULIP

Fire Safety

A	C	R	L	P	R	Y	B	K	D
L	O	Y	X	E	T	O	C	B	A
A	A	P	D	E	O	U	B	A	N
R	T	D	F	T	R	H	L	D	G
M	A	A	S	T	R	Y	A	G	E
L	S	S	E	N	E	D	Z	E	R
U	E	R	V	R	T	R	E	T	T
S	I	S	H	U	A	A	X	S	S
F	D	G	O	B	W	N	G	O	D
E	R	I	F	H	N	T	W	O	O

ALARM   COAT   HOSE
BADGE   DANGER   HYDRANT
BLAZE   DOG   LADDER
BOOTS   FIRE   SAFETY
BURN   FIRE TRUCK   WATER

The Human Body

M	O	M	D	S	A	H	E	H	A
M	O	N	E	C	D	U	L	O	R
Q	A	U	H	S	F	C	B	A	M
H	J	E	T	X	O	H	O	O	L
E	E	Y	L	H	C	N	W	V	D
K	O	E	R	A	E	R	L	Z	T
K	G	T	M	N	E	C	K	C	O
V	N	O	S	E	Y	E	C	X	O
T	T	E	F	I	N	G	E	R	F
S	U	T	E	N	N	C	M	V	H

ARM	FINGER	MOUTH
CHEEK	FOOT	NECK
EAR	HAND	NOSE
ELBOW	KNEE	STOMACH
EYES	LEG	TOE

Transportation

```
K C U R T B O A T S
E Y H S U B V A N C
N I A R T B O D D O
A M B U L A N C E O
D U M P T R U C K T
R O T C A R T X M E
Y A W B U S C A R R
E L C Y C R O T O M
E N A L P R I A K G
U E K I B T A X I Y
```

AIRPLANE	CAR	TAXI
AMBULANCE	DUMP TRUCK	TRACTOR
BIKE	MOTORCYCLE	TRAIN
BOAT	SCOOTER	TRUCK
BUS	SUBWAY	VAN

On the Farm

```
R H J C I R U Z I A
H O T N A U V D D W
S O T A Q T V M L V
I Y R C R E M R A F
L Y A S A N R O C K
O K I H E R O Y L W
F I E L D G T I O T
B A R N H I M R C A
W M P S E P C O J O
D M O M N Y W S B G
```

BARN	FARMER	HORSE
CAT	FIELD	MILK
CORN	GOAT	PIG
COW	HAY	SILO
CROW	HEN	TRACTOR

At the Beach

```
F S H O V E L S S S
L L A B R I A A E U
C X I F A N N Y A R
C H Z P D D L L G F
T U A A P I L W U E
E N L I M E A L L R
S S H A R V R B L G
N A F B E U L S Z M
U R M S E L G G O G
S U N B L O C K E U
```

BALL
CHAIR
FAMILY
FLIPPERS
GOGGLES

PAIL
SAND
SANDALS
SEAGULL
SHOVEL

SUNBLOCK
SUNSET
SURFER
UMBRELLA
WAVES

Occupations

```
T R L F A B K M B R E
T S O V E S R U N N S
R H I T L M Z S G C T
E T E T C H X I R L Y
H O O R N O N C E E L
C L O J A E D I Y R I
A I Q W E P D A W K S
E P M R O T I N A J T
T B A R B E R S L F I
C I N A H C E M T H Z
W H B C A S H I E R A
```

BARBER   ENGINEER   NURSE
CASHIER   JANITOR   PILOT
CLERK   LAWYER   STYLIST
DENTIST   MECHANIC   TEACHER
DOCTOR   MUSICIAN   THERAPIST

Toys

```
K C U R T B A L L L
S E M A G D R A O B
H G B D O L L F K S
F O J L B B R O Y R
W J D I O I N Y K A
O A K Y S C K O N C
G E G B A I K Y I E
E K E O T L F S L C
L E E E N N P G S A
R A E B Y D D E T R
```

BALL   FRISBEE   SLINKY
BIKE   KITE   TEDDY BEAR
BLOCKS   LEGO   TRUCK
BOARD GAMES   PLAY-DOH   WAGON
DOLL   RACE CARS   YO-YO

Hobbies

```
S T F A R C S F N N E
N R V G B I K I N G S
G W Z T N G C E U E I
G N I T N I A P L C C
R S I I A M G Z D N R
W E W K O R Z G N A E
B E A V I U T K O D X
S H I D P H V Y T L E
P E G N I H S I F J B
S Y O G A N H F Y Y S
C O O K I N G Q T U Q
```

ART	DANCE	PAINTING
BIKING	EXERCISE	PUZZLES
BLOGGING	FISHING	READING
COOKING	HIKING	SEWING
CRAFTS	MOVIES	YOGA

Feelings and Emotions

```
D D F E I L E R H D
W E E A P Y O J A E
O N B D M E C H P S
R D Z R N U A B P I
R U T X U E S C Y R
I E V O L T F E E P
E Y R G N A S F D R
D L O N E L Y I O U
D E S S E R T S D S
D E Y O N N A D A S
```

AMUSED	JOY	RELIEF
ANGRY	LONELY	SAD
ANNOYED	LOVE	STRESSED
DISTURBED	OFFENDED	SURPRISED
HAPPY	PEACE	WORRIED

In the Neighborhood

```
E H T U L S J Y L P S
B R Z H C E C J L X P
B F O H E A T A R Y O
F A O T M A Y O N L H
K O N R S G T O H A S
L M A K R T L E W T C
Q H R O D A E V R I H
P M U J S L U P Y P U
A N L I B R A R Y S R
D P O H S E E F F O C
M U E S U M T L N H H
```

BANK
CHURCH
COFFEE SHOP
HOSPITAL
HOTEL

LIBRARY
MUSEUM
PET STORE
PHARMACY
PLAYGROUND

SALON
SCHOOL
SHOPS
THEATER
ZOO

Yummy Fruits

```
A N O M E L A L P S
Y N G U A V A I C T
R H A X D E N M Y R
R C N N W E K E I A
E A O D A C O V A W
H E P P K B O M G B
C P P P M I A U R E
X L L T L N W F A R
E U V K G E X I P R
M J X O R A N G E Y
```

APPLE	GUAVA	ORANGE
AVOCADO	KIWI	PEACH
BANANA	LEMON	PINEAPPLE
CHERRY	LIME	PLUM
GRAPE	MANGO	STRAWBERRY

Veggie Time

```
T N T D A O R C E G B
N O T K V A A K R T R
A I M K D B O E Y O O
L N Q I B H E A R R C
P O S A C N V Y E R C
G H G I B R B H L A O
G E T E S A E P E C L
E R A A E O A B C L I
A N M U S H R O O M U
S I N I H C C U Z L S
C O T A T O P C O R N
```

ARTICHOKE CORN PEAS
BROCCOLI EGGPLANT POTATO
CABBAGE GREEN BEANS RADISH
CARROT MUSHROOM ZUCCHINI
CELERY ONION

Ocean Animals

```
A W N O I L A E S S
N H I K R A H S T W
U A H B A R C A X O
T L P E C N R N P R
J E L L Y F I S H D
O G O D I U Q S D F
T T D S P O N G E I
T Z H O C T O P U S
E S R O H A E S G H
R L O B S T E R Y B
```

CRAB OTTER SQUID
DOLPHIN SEAHORSE STARFISH
JELLYFISH SEA LION SWORDFISH
LOBSTER SHARK TUNA
OCTOPUS SPONGE WHALE

Let's Visit the Zoo

```
E N O I L Y A E H Z
R F W P E S L S G E
A L F K P E L H O B
E X N A P I I O H R
B O N H R F R K T A
M D A X T I O D R H
A N O O R A G N A K
T D R A P O E L W L
R G M E E R K A T Q
T I G E R U M E L H
```

BEAR   LEMUR   PANDA
ELEPHANT   LEOPARD   SLOTH
GIRAFFE   LION   TIGER
GORILLA   MEERKAT   WARTHOG
KANGAROO   MONKEY   ZEBRA

Let's Review Shapes

```
O E D T R R D Y C C T
C R I R A E I K Y R O
T A O A T C A A L E O
A U Z E S T M E I S C
G Q E H O A O L N C H
O S P C V N N C D E E
N G A U A G D R E N X
C H R B L L K I R T A
B Q T E Z E L C U A G
E L G N A I R T G S O
A P E N T A G O N J N
```

CIRCLE   HEART   RECTANGLE
CRESCENT   HEXAGON   SQUARE
CUBE   OCTAGON   STAR
CYLINDER   OVAL   TRAPEZOID
DIAMOND   PENTAGON   TRIANGLE

Let's Review Colors

```
W Y R J E S P H Y T
H L D E B G P Y A E
I B Q R D U N L R T
T Z O B R D R A G E
E W O L L E Y F R L
N R P O V A K F M O
N L G L R V C N U I
E G I E U L B K I V
A S N A V Y J R K P
C S D G R E E N V R
```

BLACK   GREEN   RED
BLUE   NAVY   SILVER
BROWN   ORANGE   VIOLET
GOLD   PINK   WHITE
GRAY   PURPLE   YELLOW

Around the World

```
M A Y N E K I Y Y M
A U D X C R N J L E
Y I I C E A K A A X
B S H G M M N P T I
I J Y R L N O A I C
L P E I L E O N D O
T G J R W D B M B A
N I G E R I A E A D
F S I T I A H F E N
A I L A R T S U A B
```

AUSTRALIA   FIJI   KENYA
BELGIUM   GERMANY   LIBYA
CANADA   HAITI   MEXICO
DENMARK   ITALY   NIGERIA
EGYPT   JAPAN   OMAN

Summer Time

```
E W I T E D Z T F Q B
U R S W I M M I N G E
C P X D S U R Q M T A
E E I A N E S A S O C
B A E C W A E M Q H H
R H J O N R S C I N H
A J R H C I C H U W P
B K N E E R C S N U S
S D C N O I T A C A V
F I P O P S I C L E L
F U N N A E C O C W N
```

BARBECUE   ICECREAM   SUN
BEACH   OCEAN   SUNSCREEN
FIREWORKS   PICNIC   SWIMMING
FUN   POPSICLE   SWIMSUIT
HOT   SAND   VACATION

The Cold Winter

```
E A R M U F F S B E
S N O W M A N S L F
S W E A T E R C R M
C O C O A K I A S I
W O N S G C C K F T
H T I U I S I J L T
F I R E P L A C E E
N I B A C C O A T N
S T O O B D E L S S
P U O S Z D Q V F I
```

BOOTS	FIREPLACE	SLED
CABIN	ICICLE	SNOW
COAT	MITTENS	SNOWMAN
COCOA	SCARF	SOUP
EARMUFFS	SKI	SWEATER

Pizza Shop

```
I G X M P H H M N R
W N E O G F O S A E
R N O U B O S A P T
U E O R R F G U S T
N D P H E C N S L U
M S S P H P I A I C
T U Y E E Y P G C F
M N E V O P P E E X
P S R E D R O X P Y
E S A U C E T F P K
```

BOX   MUSHROOM   PEPPERONI
CHEESE   ORDERS   SAUCE
CUTTER   OVEN   SAUSAGE
DOUGH   PAN   SLICE
MENU   PEPPER   TOPPINGS

Sight Words

```
K F Q T P S Y F Y M
N M F N R E O E O B
O G B A E N C R H B
W J M W T T F W L T
E K I L T E I U F Y
H F D K Y N E R O A
N I A G A C F V U B
S A I D M E J Y R E
P I C T U R E N Z E
O O T P E O P L E N
```

AGAIN   KNOW   SAID
BEEN   LIKE   SENTENCE
BLUE   PEOPLE   THEY
FOUR   PICTURE   TOO
FROM   PRETTY   WANT

Movie Theater

```
Y L I M A F U N A R
N R O C P O P U M E
C S Q C A N D Y W I
R M D D I I K E G H
I O W N E N I T S S
T V T N E V E O K A
I I C E E I T M C C
C E R R U O R L A N
B C P Q J W U F N W
S K T I C K E T S R
```

AUDIENCE   FAMILY   PREVIEW
CANDY   FRIENDS   QUIET
CASHIER   FUN   SCREEN
CINEMA   MOVIE   SNACKS
CRITIC   POPCORN   TICKET

In the Fall

A	L	U	E	W	Z	T	S	E	S	C
N	E	E	R	N	U	C	C	L	Q	I
T	R	A	A	R	O	D	A	P	U	D
S	K	O	K	V	W	C	R	P	A	E
E	X	E	C	F	E	C	E	A	S	R
V	Y	M	R	A	F	S	C	N	H	G
R	Y	L	L	I	H	C	R	A	I	D
A	F	R	O	S	T	W	O	S	N	P
H	D	P	Q	V	G	H	W	T	H	V
L	L	A	B	T	O	O	F	X	Y	U
P	U	M	P	K	I	N	M	T	F	T

ACORN   FOOTBALL   PUMPKIN
APPLE   FROST   RAKE
CHILLY   HARVEST   SCARECROW
CIDER   LEAVES   SQUASH
FARM   PINECONE   TURKEY

Amusement Park

```
A X X A T S S E H G N
N H Z R E F E D G O D
H R P D A Y Z I A D R
D M O M C R I L M N T
C U I C U U R S E R I
S L N S P L P R S O C
Y W R K S O D E E C K
H A I F T L P T D D E
C F U N I A Q A I Y T
J J D H G I N W R A F
S K C A N S K K I U W
```

CARS
CHILDREN
CORNDOG
DUNKTANK
FAMILY
FUN
GAMES
POPCORN
PRIZES
RIDES
SNACKS
SWINGS
TEACUPS
TICKET
WATERSLIDE

www.ingramcontent.com/pod-product-compliance
Lightning Source LLC
Chambersburg PA
CBHW051431070526
44584CB00023B/3682